À
MON AMI
FÉLIX.
À LIRE AVEC...
PRÉCAUTIONS!

Textes et graphisme : Richard Petit
Correctrices : Christine Barozzi et Nadine Elsliger

Gouvernement du Québec - Programme de crédit d'impôt
pour l'édition de livres - Gestion SODEC
Boomerang éditeur jeunesse remercie la SODEC
pour l'aide accordée à son programme éditorial.
Nous reconnaissons l'aide financière
du gouvernement du Canada par l'entremise
du Fonds du livre du Canada (FLC)
pour nos activités d'édition.

Dépôt légal - Bibliothèque et Archives nationales du Québec,
4e trimestre 2011
ISBN 978-2-89595-632-7

Boomerang éditeur jeunesse inc.
Case postale 82005
Terrebonne (Québec) Canada
J6X 4B2

www.boomerangjeunesse.com
info@boomerangjeunesse.com

CETTE BD-AVENTURE PASSEPEUR TE PERMET DE CHOISIR LA FAÇON DONT VA SE DÉROULER TON HISTOIRE.

VOICI COMMENT FONCTIONNE TON

# ÉCRAN DE JEU

POUR COMMENCER, DÉCOUPE JUSQU'AUX POINTS ROUGES LES QUATRE LIGNES POINTILLÉES NOIRES SITUÉES À DROITE DE CETTE SECTION.

ENSUITE, PLIE LES QUATRE RABATS À LA LIGNE POINTILLÉE BLANCHE AFIN DE CACHER LES QUATRE OBJETS.

AU COURS DE TON AVENTURE, C'EST SEULEMENT LORSQUE TU TROUVERAS L'UN DE CES OBJETS QUE TU POURRAS T'EN SERVIR. TU DÉPLIERAS LE RABAT POUR TE RAPPELER QUE TU POSSÈDES MAINTENANT CET ATOUT.

TU DÉTIENS MAINTENANT LE ZAK-XT

LE PISTOLET À HARPON EST À TOI

LA TROUSSE ANTI-MONSTRES EST PRÊTE À SERVIR

DÉPLIE CE RABAT LORSQUE TU AURAS TROUVÉ LA CARTE DES MONDES

## OUI! TA VIE NE TIENT QU'À UN FIL

LA VIE QUI T'EST ACCORDÉE POUR CETTE AVENTURE COMPORTE DIX POINTS. À CHAQUE COUP PORTÉ CONTRE TOI, ELLE DIMINUERA D'UN POINT. SI ELLE TOMBE À ZÉRO, TU DEVRAS RECOMMENCER TON AVENTURE EN RETOURNANT AU DÉBUT DU LIVRE.

## COMMENT FAIRE LE COMPTE

À DROITE DE CETTE SECTION SE TROUVE TA LIGNE DE VIE. DÉCOUPE LES NEUF LIGNES POINTILLÉES JUSQU'AU POINT ROUGE, PUIS PLIE LES DIX RABATS POUR CACHER ENTIÈREMENT LE SQUELETTE.

LORSQUE LES CHOSES TOURNERONT MAL POUR TOI, TU DEVRAS T'ENLEVER UN OU PLUSIEURS POINTS DE VIE EN OUVRANT UN OU PLUSIEURS RABATS.

NE T'INQUIÈTE PAS. TU SAURAS TOUJOURS CLAIREMENT QUAND IL T'ARRIVERA MALHEUR!

SI LE SQUELETTE EST TOTALEMENT DÉCOUVERT, C'EN EST FINI DE TOI. TU AS ÉPUISÉ TA LIGNE DE VIE ET TU DOIS RETENTER L'AVENTURE EN TE RENDANT AU DÉBUT DU LIVRE.

BONNE NOUVELLE! TU TROUVERAS DANS QUELQUES ENDROITS SECRETS DU LIVRE DES ÉLIXIRS ET DES POTIONS QUI TE REDONNERONT DES POINTS DE VIE. TU N'AURAS QU'À PLIER DES PETITS RABATS POUR SOIGNER TES BLESSURES.

## LE ZAK-XT

POUR TE DÉFENDRE CONTRE LES CRÉATURES QUE TU RENCONTRERAS DANS CETTE BD-AVENTURE, TU POURRAS COMPTER SUR LE ZAK-XT. IL S'AGIT D'UN PISTOLET DÉSINTÉGRATEUR TRÈS PUISSANT. SI TU AIMES MASSACRER DES MÉCHANTS, TU SERAS SERVI. AVANT TOUTE CHOSE, ENTRAÎNE-TOI À L'UTILISER.

AU BAS DES PAGES DE DROITE DE TA BD-AVENTURE, TU VERRAS TOUJOURS UNE CRÉATURE, TON ZAK-XT ET LE RAYON LANCÉ PAR CELUI-CI. LA CRÉATURE REPRÉSENTE TOUS LES ENNEMIS QUE TU DEVRAS AFFRONTER. PLUS TU T'APPROCHERAS DU CENTRE DU LIVRE, PLUS LE RAYON DESTRUCTEUR SE RAPPROCHERA DE LA CRÉATURE. JETTE UN COUP D'OEIL!

LORSQUE TU DEVRAS ESSAYER DE PULVÉRISER UN ENNEMI AVEC TON ZAK-XT, METS UN SIGNET À LA PAGE OÙ TU ES RENDU, FERME TON LIVRE ET ROUVRE-LE EN VISANT LE MILIEU. SI TU T'ARRÊTES SUR L'IMAGE SUIVANTE,

TU AS RATÉ TON TIR! SUIS ALORS LES INSTRUCTIONS DONNÉES À LA PAGE OÙ TU AS MIS TON SIGNET.

SI, AU CONTRAIRE, TU RÉUSSIS À T'ARRÊTER SUR UNE DES QUATRE PAGES CENTRALES QUI MONTRENT CETTE IMAGE,

TU AS PULVÉRISÉ TON ENNEMI! TU N'AS PLUS QU'À TE DIRIGER À L'ENDROIT QUE T'INDIQUE LA PAGE OÙ TU AS MIS TON SIGNET.

VAS-Y! FAIS QUELQUES ESSAIS...

N'OUBLIE PAS! TU TIENS ENTRE TES MAINS LA TOUTE PREMIÈRE BD-AVENTURE PASSEPEUR, UNE BD DANS LAQUELLE C'EST TOI QUI DÉCIDES DE LA TOURNURE DES ÉVÉNEMENTS. SOIS PRUDENT DANS TES CHOIX!

ES-TU PRÊT? *RENDS-TOI ALORS AU NUMÉRO 1.*

## 1

LA RÉALITÉ EST BIEN PIRE QUE LE PLUS HORRIBLE DES CAUCHEMARS

PARTIS PASSER LA SOIRÉE CHEZ DES AMIS, TES PARENTS T'ONT LAISSÉ SEUL DANS CETTE NOUVELLE MAISON QUE TON PÈRE A HÉRITÉ DE SON ONCLE BORIS...

EN PLUS D'ÊTRE FROIDE ET LUGUBRE, CETTE VIEILLE BARAQUE LÉGUÉE PAR CET ONCLE UN PEU FOU CRAQUE DE PARTOUT. ON DIRAIT QU'ELLE VEUT TE PARLER, COMME SI ELLE ÉTAIT...

**VIVANTE!**

IL Y A PEUT-ÊTRE UNE CHOSE QUI POURRAIT T'AIDER À TE CHANGER LES IDÉES ET À TE FAIRE OUBLIER TA PEUR...

LA VIEILLE TÉLÉ DE L'ONCLE BORIS.

TU ENLÈVES LES TOILES D'ARAIGNÉES QUI COUVRENT L'ÉCRAN ET TU PRENDS LA «ZAPPETTE».

J'ESPÈRE QUE CETTE ANTIQUITÉ FONCTIONNE ENCORE!

**CLIC!**

OH! OH! L'ÉCRAN S'ALLUME, ET LA TÉLÉ GRÉSILLE. C'EST BON SIGNE!

**GZZZ! GZZZ!**

QU! QUOI?

**GRRR!** OUAILLE! NON! PAS UN FILM DE ZOMBIS!

PAS QUESTION DE REGARDER UN FILM D'HORREUR CE SOIR. TU APPUIES SUR UN BOUTON POUR CHANGER VITE DE CHAÎNE...

**CLIC!**

RENDS-TOI AU NUMÉRO 17.

**2** LENTEMENT, TU T'APPROCHES DE LA PHOTO ACCROCHÉE SUR LE MUR DU FOND, JUSTE AU-DESSUS D'UNE POUBELLE.

**???**

TU RÉFLÉCHIS...

C'EST SANS DOUTE UNE PHOTO DE L'ENDROIT OÙ JE ME TROUVE. JE CROIS CONNAÎTRE CES LIEUX, MAIS JE N'ARRIVE PAS À ME RAPPELER POURQUOI.

C'EST EMBROUILLÉ DANS TA TÊTE...

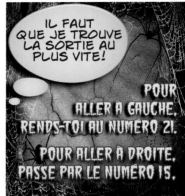

RETOURNE AU NUMÉRO 18.

**3** DE RETOUR DEVANT LA CHAMBRE DE LA CRÉATURE, TU EXAMINES LES DEUX VOIES.

C'EST UN VRAI LABYRINTHE CET ENDROIT!

PAR LA GAUCHE...

... OU PAR LA DROITE?

IL FAUT QUE JE TROUVE LA SORTIE AU PLUS VITE!

POUR ALLER À GAUCHE, RENDS-TOI AU NUMÉRO 21.

POUR ALLER À DROITE, PASSE PAR LE NUMÉRO 15.

**4** LORSQUE TU TENTES DE T'APPROCHER DE L'HORRIBLE POUPÉE...

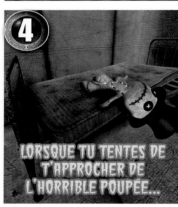

... ELLE SE DRESSE TOUT À COUP SUR LE MATELAS.

ELLE SE JETTE ENSUITE SUR TOI, UNE AIGUILLE À LA MAIN...

PAS QUESTION DE TE FAIRE TRANSPERCER COMME UNE SIMPLE POUPÉE VAUDOU. TU TE CATAPULTES HORS DE LA PIÈCE PAR LE NUMÉRO 31.

**5** CACHÉ DERRIÈRE UNE POUBELLE QUI SE TROUVE DANS UNE AUTRE SALLE, TU VÉRIFIES SI LA CRÉATURE T'A SUIVI...

OH NON! ELLE VIENT PAR ICI.

ELLE S'ARRÊTE DEVANT LA PORTE...

... PUIS POURSUIT SA ROUTE.

**FIOU!**

TU L'AS ÉCHAPPÉ BELLE! LORSQUE TU RESSORS DE LA SALLE, TU REFERMES LA PORTE SUR TES DOIGTS. ENLÈVE UN POINT À TA LIGNE DE VIE, PUIS RETOURNE SUR TES PAS PAR LE NUMÉRO 3.

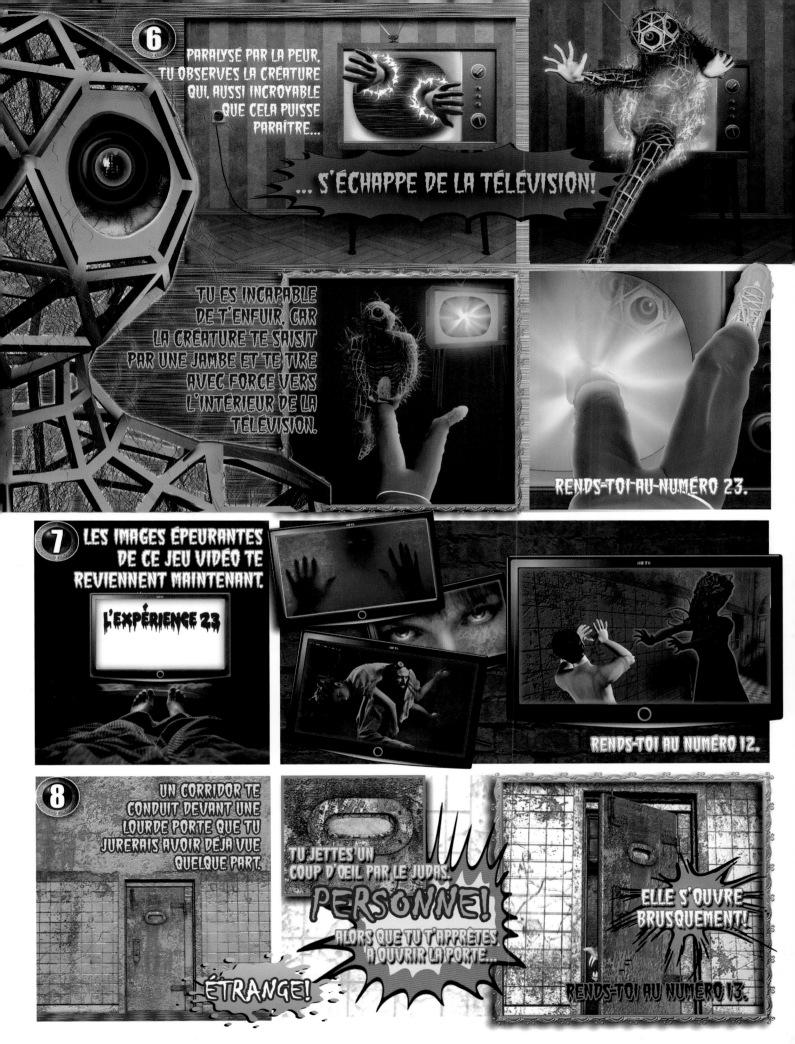

**9**

PLUS LOIN, LORSQUE TU POSES TA MAIN SUR LA POIGNÉE...

UN EFFROYABLE GROGNEMENT SE FAIT ENTENDRE. TU TE RETOURNES...

ENCORE!

OUF!

ÇA PROVIENT DE CE HAUT-PARLEUR!

IL NE PEUT S'AGIR QUE DE LA CRÉATURE QUI TE LANCE UN MESSAGE. TU NE COMPRENDS PAS SON LANGAGE, MAIS TU TE DOUTES QU'ELLE TE CHERCHE ET QU'ELLE VA FINIR PAR TE TROUVER...

TU FRANCHIS LE SEUIL DE LA PORTE POUR TE RENDRE AU NUMÉRO 14.

**10**

TU DOIS POUSSER TRÈS FORT LA PORTE, CAR IL Y A UN MEUBLE DERRIÈRE.

OH!

UN TIROIR!

TA CURIOSITÉ L'EMPORTE SUR TES CRAINTES.

TU L'OUVRES!

AÏE!

DES MILLIONS DE VERS! ET UN BOUT DE PAPIER???

TU PEUX RETOURNER EN ARRIÈRE AU NUMÉRO 3.

OU ESSAYER DE PRENDRE LE PAPIER AU NUMÉRO 39.

**11**

L'ESCALIER T'A CONDUIT DANS LE LABO DU DOCTEUR FOU.

C'EST AVEC CETTE MACHINE QU'IL A TRANSFORMÉ SA JEUNE VICTIME EN MONSTRE ABOMINABLE DANS LE JEU VIDÉO. TU TE RAPPELLES AUSSI QUE CETTE MACHINE PEUT TE RENDRE TOUS TES POINTS DE VIE. TOUS LES APPAREILS FONCTIONNENT, SAUF LA MACHINE ELLE-MÊME. POURQUOI?

LE FIL EST COUPÉ!

IL SUFFIT DE REBRANCHER LA MACHINE, ICI!

**33**

**24**

MAIS ATTENTION! BRANCHE LE BON FIL, CAR TU RISQUES DE T'ÉLECTROCUTER.

RENDS-TOI AU NUMÉRO INSCRIT PRÈS DU FIL QUE TU CROIS ÊTRE LE BON.

**12**

UN FRISSON TE PARCOURT LE DOS LORSQUE TU ENTENDS DES BRUITS DANS LE CORRIDOR...

TU SORS TOUT DE SUITE ET TU REGARDES À GAUCHE.

ENSUITE À TA DROITE.

OUF!

RIEN EN VUE!

IL FAUT QUE JE QUITTE CET ENDROIT AU PLUS VITE!

SI TU VEUX ALLER À GAUCHE, RENDS-TOI AU NUMÉRO 21.

TU PEUX TE DIRIGER À DROITE PAR LE NUMÉRO 15.

**13**

UN ÉNORME RAT MUTANT APPARAÎT DEVANT TOI. ENRAGÉ, IL TE MORD AVEC SES LONGUES CANINES, PUIS DISPARAÎT DANS LA NOIRCEUR D'UN CORRIDOR...

AIE!

ENLÈVE TROIS POINTS À TA LIGNE DE VIE, ET ENTRE DANS CETTE ÉTRANGE PIÈCE PAR LE NUMÉRO 18.

**14**

PRUDEMMENT, TU AVANCES DANS LE LONG CORRIDOR.

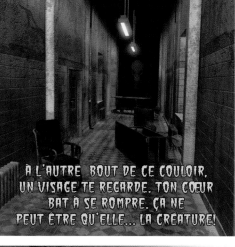

À L'AUTRE BOUT DE CE COULOIR, UN VISAGE TE REGARDE. TON CŒUR BAT À SE ROMPRE. ÇA NE PEUT ÊTRE QU'ELLE... LA CRÉATURE!

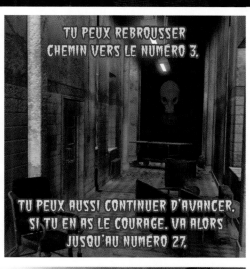

TU PEUX REBROUSSER CHEMIN VERS LE NUMÉRO 3.

TU PEUX AUSSI CONTINUER D'AVANCER, SI TU EN AS LE COURAGE. VA ALORS JUSQU'AU NUMÉRO 27.

**15**

D'UN PAS RAPIDE, TU TRAVERSES UN LONG COULOIR

OUI! LA CAGE D'ESCALIER. LA SORTIE DOIT ÊTRE PAR LÀ!

**45**

**16**

RENDS-TOI AU NUMÉRO DE TON CHOIX...

**16** MAIS À PEINE AS-TU POSÉ LE PIED SUR LA PREMIÈRE MARCHE QUE...

QU'EST-CE QUE C'EST QUE CE BRUIT?

SCHRRR! SCHRRR!

TU T'ARRÊTES...

... ET TU TOURNES LA TÊTE. OH OH! VAUT MIEUX QUE TU NE TRAÎNES PAS DANS LE SECTEUR... **DÉGUERPIS VERS LE NUMÉRO 5.**

**17** MAIS LORSQUE TU CHANGES DE CHAÎNE, UN AUTRE VISAGE TERRIFIANT APPARAÎT...

AVEC NERVOSITÉ, TU CLIQUES ENCORE SUR LA «ZAPPETTE».

CLIC!

OH NON! UNE NOUVELLE CHAÎNE, UNE NOUVELLE GUEULE À NE PAS INVITER À SOUPER.

MAIS À L'ÉCRAN, CETTE CRÉATURE-CI RESTE IMMOBILE ET SEMBLE TE FIXER. TU CLIQUES PLUSIEURS FOIS DE SUITE... ET ENCORE... RIEN À FAIRE! ELLE RESTE LÀ, À TE DÉVISAGER... **RENDS-TOI AU NUMÉRO 6.**

**18** SUR TES GARDES, TU ENTRES...

CET ENDROIT ME RAPPELLE QUELQUE CHOSE, MAIS JE NE SAIS PAS QUOI.

*Cette curieuse impression revient te hanter encore...*

ALLUME LA CHANDELLE...

**2**

**20**

**4**

**38**

... ET RENDS-TOI AU NUMÉRO INSCRIT PRÈS DE L'OBJET QUE TU DÉSIRES EXAMINER.

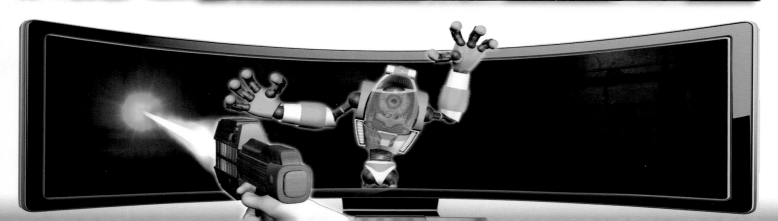

**19** TU N'EN CROIS PAS TES YEUX. C'EST UN TRONC D'ARBRE QUI TE PARLE.

EUH! JE SUIS DU BON CÔTÉ.

ALORS, IL N'Y A PLUS DE TEMPS À PERDRE! UN SOMBRE PERSONNAGE A DÉCIDÉ DE DÉTRUIRE LA TERRE EN UTILISANT LES CINQ MONDES DES JEUX VIDÉO. JE SUIS L'ENTRÉE VERS CES MONDES QUE TU AURAS À TRAVERSER POUR TROUVER CE FOU, ET L'ARRÊTER. SI TU VEUX SAUVER TA PLANÈTE, ENTRE TOUT DE SUITE...

AS-TU VRAIMENT LE CHOIX? NON!

TU ENTRES DANS CE PASSAGE QUI TE CONDUIT AU NUMÉRO 55.

**20**

AUSITÔT QUE TU PRENDS LE CADRE DANS TES MAINS, LA MÉMOIRE TE REVIENT.

**NOOOOON!**

CETTE FILLE, LA POUPÉE VAUDOU SUR LE LIT, CETTE CHAMBRE AUX MURS CAPITONNÉS, CETTE BÂTISSE LUGUBRE... COMMENT CELA EST-IL POSSIBLE? LA CRÉATURE DE LA TÉLÉVISION M'A FAIT ENTRER DANS UN JEU VIDÉO...

**L'EXPÉRIENCE 23**

TU TE SOUVIENS TROP BIEN DE CE JEU DANS LEQUEL UNE JEUNE FILLE AVAIT ÉTÉ TRANSFORMÉE EN MONSTRE HIDEUX PAR UN DOCTEUR FOU.

RENDS-TOI AU NUMÉRO 7

**21**

À PEINE AS-TU FAIT UN PAS QU'UN DRÔLE DE BRUIT SE FAIT ENTENDRE. TU TE COLLES TOUT DE SUITE LE DOS AU MUR.

BLIOURP!

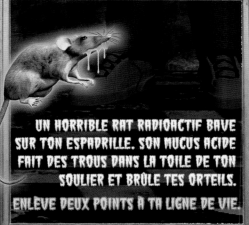

UN HORRIBLE RAT RADIOACTIF BAVE SUR TON ESPADRILLE. SON MUCUS ACIDE FAIT DES TROUS DANS LA TOILE DE TON SOULIER ET BRÛLE TES ORTEILS. ENLÈVE DEUX POINTS À TA LIGNE DE VIE.

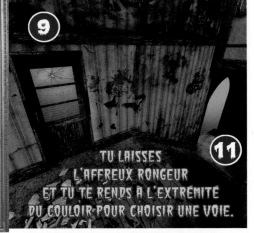

**9**

**11**

TU LAISSES L'AFFREUX RONGEUR ET TU TE RENDS À L'EXTRÉMITÉ DU COULOIR POUR CHOISIR UNE VOIE.

**22** C'EST LA TROUSSE ANTI-MONSTRES COMME DANS LE JEU VIDÉO. IL Y A PAS MAL DE TRUCS LÀ-DEDANS QUI VONT M'AIDER.

WOW!

TU POSSÈDES MAINTENANT CETTE TROUSSE. VA À L'ÉCRAN DE JEU AU DÉBUT DE TON LIVRE ET DÉPLIE LE RABAT.

TU AS TOUT À COUP L'IMPRESSION QUE QUELQU'UN OU QUELQUE CHOSE TE REGARDE... TOURNE LA TÊTE AU NUMÉRO 42.

**23** TIRÉ À L'INTÉRIEUR DE LA TÉLÉ, TU TE SENS SOUDAIN ASPIRÉ DANS UNE SÉRIE DE VORTEX...

... QUI TE CONDUISENT AU NUMÉRO 65.

**24** BRAVO! TU AS RÉUSSI À BRANCHER LA MACHINE. IL RESTE MAINTENANT À LA METTRE EN MARCHE.

APRÈS AVOIR FACILEMENT ACTIVÉ LA MACHINE DU SAVANT FOU, TU T'INSTALLES SUR LA TABLE D'OPÉRATION.

CELA NE DEVRAIT PAS ÊTRE TRÈS DIFFICILE! CE BIDULE RESSEMBLE ÉTRANGEMENT À UN AMPLIFICATEUR DE GUITARE ÉLECTRIQUE.

LA MACHINE SE MET EN MARCHE ET, COMME TU L'AVAIS PRÉVU, ELLE TE REDONNE TOUS TES POINTS DE VIE. C'EST AVEC UNE ÉNERGIE RENOUVELÉE QUE...

... TU RETOURNES SUR TES PAS PAR LE NUMÉRO 3.

**25** BIEN JOUÉ!

TU LA POUSSES ENSUITE VERS LA CAGE D'ESCALIER, CAR TU AS DES PROJETS POUR ELLE.

DES PROJETS DE VOYAGE...

AU FIN FOND DE CETTE BÂTISSE DANGEREUSE.

RETOURNE AU NUMÉRO 18.

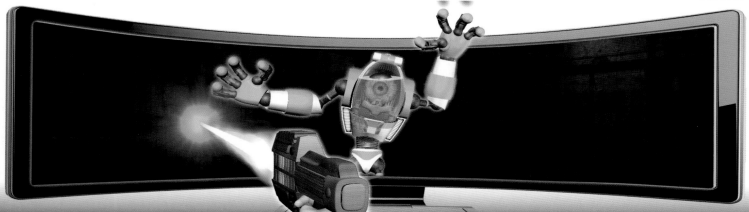

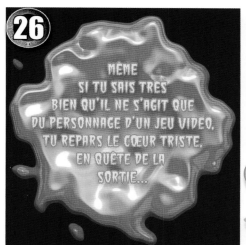

**26** MÊME SI TU SAIS TRÈS BIEN QU'IL NE S'AGIT QUE DU PERSONNAGE D'UN JEU VIDÉO, TU REPARS LE CŒUR TRISTE, EN QUÊTE DE LA SORTIE...

APRÈS AVOIR CHERCHÉ PENDANT DE LONGUES HEURES, TU FINIS PAR TROUVER UN CORRIDOR OÙ TU N'AVAIS JAMAIS MIS LES PIEDS ENCORE...

ÇA C'EST LA SORTIE, IL N'Y A AUCUN DOUTE LÀ-DESSUS.

MAIS LORSQUE TU AVANCES VERS CETTE SORTIE, UN GRAND REMOUS SE FORME SOUS TES PIEDS ET T'ASPIRE...

... JUSQU'AU NUMÉRO 41.

**27** FIOUUU!

TU POUSSES UN LONG SOUPIR LORSQUE TU TE RENDS COMPTE QU'IL NE S'AGIT QUE D'UN MASQUE À GAZ ACCROCHÉ SUR LE MUR.

ALORS QUE TU REGARDES DE L'AUTRE CÔTÉ DE LA PORTE POUR T'ASSURER QUE LA VOIE EST LIBRE, TU APERÇOIS UN CURIEUX COFFRE SUR LE PLANCHER.

SANS ATTENDRE UNE SECONDE DE PLUS, TU OUVRES LA PORTE ET TU T'AGENOUILLES PRÈS DE CE COFFRE, AU NUMÉRO 22.

**28** AU MOMENT OÙ TU ALLAIS OUVRIR LA PORTE, LA CRÉATURE BONDIT.

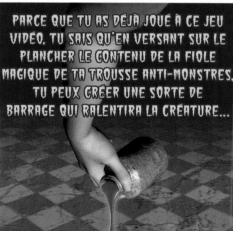

PARCE QUE TU AS DÉJÀ JOUÉ À CE JEU VIDÉO, TU SAIS QU'EN VERSANT SUR LE PLANCHER LE CONTENU DE LA FIOLE MAGIQUE DE TA TROUSSE ANTI-MONSTRES, TU PEUX CRÉER UNE SORTE DE BARRAGE QUI RALENTIRA LA CRÉATURE...

... ASSEZ LONGTEMPS POUR QUE TU PUISSES TE RENDRE AU NUMÉRO 49.

**29** SCHRRR!

TU AS ATTEINT KARNI...

... MAIS IL N'A PAS DIT SON DERNIER MOT!

TU POINTES À NOUVEAU TON ZAK-XT, ET TU TIRES.

SI TU PARVIENS À L'ATTEINDRE, RENDS-TOI AU NUMÉRO 101.

SI PAR CONTRE TU RATES TON TIR, VA AU NUMÉRO 102.

**30** PENDANT DE LONGUES SECONDES, ELLE RESTE LA, FIGÉE COMME UNE STATUE...

SOUDAIN, ELLE TOURNE LES TALONS ET S'ENFUIE...

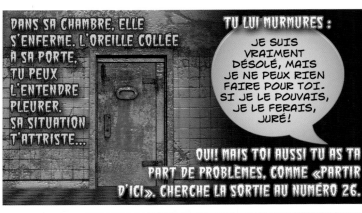

DANS SA CHAMBRE, ELLE S'ENFERME. L'OREILLE COLLÉE À SA PORTE, TU PEUX L'ENTENDRE PLEURER. SA SITUATION T'ATTRISTE...

TU LUI MURMURES : JE SUIS VRAIMENT DÉSOLÉ, MAIS JE NE PEUX RIEN FAIRE POUR TOI. SI JE LE POUVAIS, JE LE FERAIS, JURÉ!

OUI! MAIS TOI AUSSI TU AS TA PART DE PROBLÈMES, COMME «PARTIR D'ICI». CHERCHE LA SORTIE AU NUMÉRO 26.

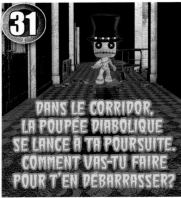

**31** DANS LE CORRIDOR, LA POUPÉE DIABOLIQUE SE LANCE À TA POURSUITE. COMMENT VAS-TU FAIRE POUR T'EN DÉBARRASSER?

DANS UN AUTRE PASSAGE TU APERÇOIS UNE SORTE DE CHAISE SUR ROULETTES.

TU LA SAISIS ET TU FONCES À TOUTE VITESSE VERS LA POUPÉE...

... AU NUMÉRO 25.

**32** CETTE COLONNE S'ÉLÈVE VRAIMENT TRÈS HAUT DANS LA CAVERNE...

PAS D'ESCALIER NI D'ÉCHELLE POUR LA GRAVIR. IL TE FAUDRA QUELQUE CHOSE, COMME UNE CORDE, POUR MONTER LÀ-HAUT.

EN FAIT, POUR ACCÉDER AU SOMMET, TU AS BESOIN DE CE PISTOLET À HARPON.

L'AS-TU EN TA POSSESSION?

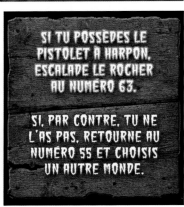

SI TU POSSÈDES LE PISTOLET À HARPON, ESCALADE LE ROCHER AU NUMÉRO 63.

SI, PAR CONTRE, TU NE L'AS PAS, RETOURNE AU NUMÉRO 55 ET CHOISIS UN AUTRE MONDE.

**33**

OUCH!

BANG!

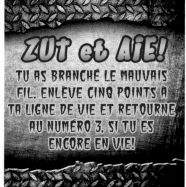

ZUT et AÏE! TU AS BRANCHÉ LE MAUVAIS FIL. ENLÈVE CINQ POINTS À TA LIGNE DE VIE ET RETOURNE AU NUMÉRO 3, SI TU ES ENCORE EN VIE!

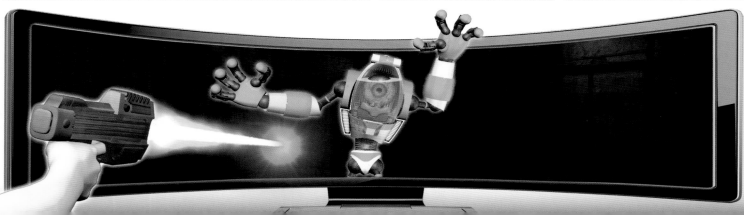

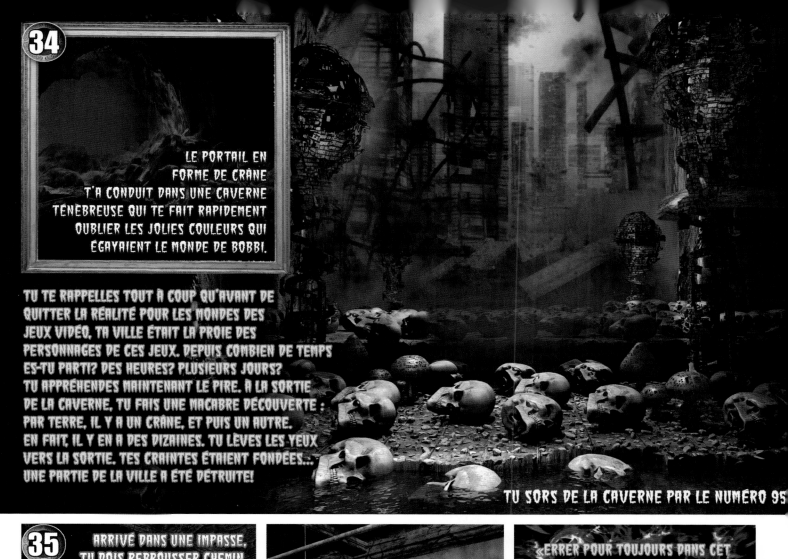

**34**

LE PORTAIL EN FORME DE CRÂNE T'A CONDUIT DANS UNE CAVERNE TÉNÉBREUSE QUI TE FAIT RAPIDEMENT OUBLIER LES JOLIES COULEURS QUI ÉGAYAIENT LE MONDE DE BOBBI.

TU TE RAPPELLES TOUT À COUP QU'AVANT DE QUITTER LA RÉALITÉ POUR LES MONDES DES JEUX VIDÉO, TA VILLE ÉTAIT LA PROIE DES PERSONNAGES DE CES JEUX. DEPUIS COMBIEN DE TEMPS ES-TU PARTI? DES HEURES? PLUSIEURS JOURS? TU APPRÉHENDES MAINTENANT LE PIRE. À LA SORTIE DE LA CAVERNE, TU FAIS UNE MACABRE DÉCOUVERTE : PAR TERRE, IL Y A UN CRÂNE, ET PUIS UN AUTRE. EN FAIT, IL Y EN A DES DIZAINES. TU LÈVES LES YEUX VERS LA SORTIE. TES CRAINTES ÉTAIENT FONDÉES... UNE PARTIE DE LA VILLE A ÉTÉ DÉTRUITE!

TU SORS DE LA CAVERNE PAR LE NUMÉRO 95

**35** ARRIVÉ DANS UNE IMPASSE, TU DOIS REBROUSSER CHEMIN.

UNE SECONDE! QU'EST-IL ÉCRIT SUR CE MUR?

JE RECONNAIS CETTE LANGUE! C'EST LE LANGAGE DU JEU VIDÉO. ON PEUT Y LIRE : «SANS LE PLAN, TU ERRERAS POUR TOUJOURS.»

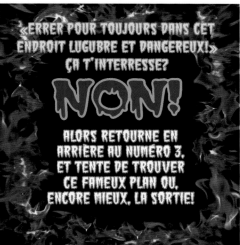

«ERRER POUR TOUJOURS DANS CET ENDROIT LUGUBRE ET DANGEREUX!» ÇA T'INTERESSE?

**NON!**

ALORS RETOURNE EN ARRIÈRE AU NUMÉRO 3, ET TENTE DE TROUVER CE FAMEUX PLAN OU, ENCORE MIEUX, LA SORTIE!

**36** ELLE FONCTIONNE COMME UNE VRAIE MANETTE. PENDANT QUE TU JOUES, TU N'AURAS QU'À TE RENDRE AU NUMÉRO INSCRIT SUR LE BOUTON QUE TU SOUHAITES ENFONCER. NE TE TROMPE PAS, SINON IL VA NOUS ARRIVER MALHEUR... À TOUS LES DEUX!

GAUCHE — AVANCER — DROITE — SAUTER — RECULER — COURIR

OH! OH! TU ENTENDS CETTE MUSIQUE? LA PARTIE COMMENCE. ALLEZ! ON Y VA!

ON FAIT QUOI POUR ALLER SUR LES CUBES? RENDS-TOI AU NUMÉRO INSCRIT SUR LE BOUTON QUE TU VEUX ENFONCER.

D A
J G M
V S Y 5

98    57

## 37

TU PLACES TON «X». ENSUITE LE BARON PLACE SON «O».

TU JOUES, IL JOUE.

OH! ÇA NE S'ANNONCE PAS TRÈS BIEN...

... UNE PARTIE NULLE!!! VA AU NUMÉRO 91.

## 38

ALORS QUE TU TENDS LA MAIN POUR PRENDRE UN FLACON...

UN SERPENT JAILLIT D'UNE ORBITE DU CRÂNE ET TE MORD UN DOIGT.

OUCH!

APRÈS T'AVOIR INFLIGÉ UNE BLESSURE QUI COÛTE DEUX POINTS À TA LIGNE DE VIE, LE REPTILE S'ENFUIT PAR UNE FISSURE DANS UN MUR. RETOURNE AU NUMÉRO 18.

## 39

TOTALEMENT DÉGOÛTÉ, TU FERMES LES YEUX ET TU TENDS LE BRAS POUR ATTRAPER LE PAPIER...

YEAH! C'EST LE PLAN POUR SORTIR D'ICI.

3→21
9← →14

TU N'AS PLUS QU'À SUIVRE LES NUMÉROS SUR CE PLAN POUR SORTIR DE CET ÉDIFICE DE MALHEUR...

COMMENCE PAR TE RENDRE AU NUMÉRO 3.

## 40

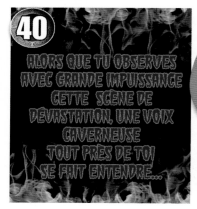

ALORS QUE TU OBSERVES AVEC GRANDE IMPUISSANCE CETTE SCÈNE DE DÉVASTATION, UNE VOIX CAVERNEUSE TOUT PRÈS DE TOI SE FAIT ENTENDRE...

LA DERNIÈRE BATAILLE EST COMMENCÉE. IL RESTE À SAVOIR QUI L'EMPORTERA : LE BIEN OU LE MAL?

TU TOURNES LA TÊTE...

PERSONNE! RIEN! QUE DES ARBRES. TON REGARD SE TOURNE À NOUVEAU VERS LA VILLE.

ET TOI, DE QUEL CÔTÉ ES-TU ? CELUI DU BIEN OU DU MAL ?

TU TOURNES ENCORE LA TÊTE...

... VERS LE NUMÉRO 19.

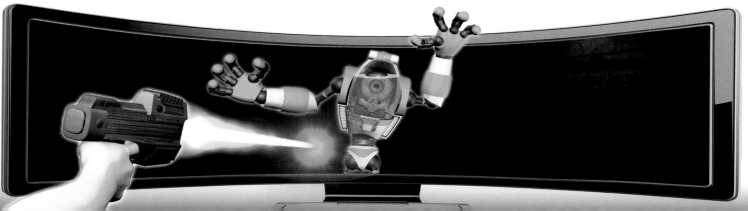

**41** CE VORTEX DANS LEQUEL TU TOURNES NE PEUT SIGNIFIER QU'UNE CHOSE...

... TON RETOUR À LA RÉALITÉ, ENFIN???

OUI! TU ES BEL ET BIEN REVENU DANS LA RÉALITÉ, MAIS...

DE L'AUTRE CÔTÉ DU CANAL DE TA VILLE, TU OBSERVES, LES YEUX EXORBITÉS DE PANIQUE, LES IMMEUBLES QUI S'ÉCROULENT LES UNS APRÈS LES AUTRES SOUS LES TIRS DÉVASTATEURS DE DEUX HORDES...

... DE PERSONNAGES DE JEUX VIDÉO QUI S'AFFRONTENT DANS UNE GUERRE SANS MERCI!

RENDS-TOI AU NUMÉRO 40.

**42**

OH NON! C'EST ELLE.

TU LÈVES LES YEUX...

ENCORE...

... JUSQU'AU NUMÉRO 46.

**43** PLUSIEURS MINUTES DE MARCHE TE CONDUISENT DANS UN LIEU ÉTRANGE. TU IGNORAIS L'EXISTENCE DE CE CURIEUX CHÂTEAU QUI TRÔNE AU MILIEU D'UNE VASTE ÉTENDUE FRAPPÉE EN PERMANENCE D'UN ORAGE ÉLECTRIQUE...

MAIS QU'EST-CE QUE C'EST? DEUX CURIEUX VÉHICULES QUI ARRIVENT EN TROMBE VERS MOI?

TU CONSTATES TROP TARD QU'IL S'AGIT DE DEUX ESPÈCES DE «CHIENS DE GARDE» MÉCANIQUES.

ZUT!

TU TENTES TOUT DE MÊME DE FUIR PAR LE NUMÉRO 52.

**44**  PEU IMPORTE LES PASSAGES QUE TU PRENDS. ELLE TE POURSUIT.

 MÊME DANS LES COINS LES PLUS SOMBRES, ELLE TE TROUVERA...

 MÊME LÀ...

 TU BARRICADES ALORS UNE PORTE POUR AU MOINS LA RALENTIR... ...JUSQU'À CE QUE TU PARVIENNES AU NUMÉRO 49.

**45**  **SAGE DECISION!** TU LONGES UN LONG CORRIDOR OÙ TU PEUX VOIR LE CIEL.

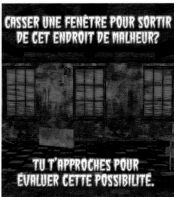 CASSER UNE FENÊTRE POUR SORTIR DE CET ENDROIT DE MALHEUR? TU T'APPROCHES POUR ÉVALUER CETTE POSSIBILITÉ.

 IMPOSSIBLE DE SAUTER EN BAS, C'EST TROP HAUT! ZUT!

 **10** **35** VA AU NUMÉRO DE LA PORTE QUE TU VEUX EMPRUNTER.

**46**

DEVANT LA CRÉATURE, TU RESTES IMMOBILE SUR LE PLANCHER, FIGÉ PAR LA PEUR.

ELLE LÈVE SOUDAIN LES BRAS...

...ET SE JETTE VERS TOI!

SUR LE DOS, TU TENTES DE T'ÉLOIGNER D'ELLE PAR LE NUMÉRO 50.

**47**

LORSQUE TU T'APPROCHES DE L'ARCHE ROCHEUSE, UNE LUMIÈRE AVEUGLANTE SE RÉVÈLE.

À QUELQUES PAS DE L'ARCHE, TU VOIS UN OBJET QUI FLOTTE DANS L'OUVERTURE. TU T'APPROCHES ENCORE.

UN PISTOLET À HARPON!

EXACTEMENT CE QU'IL TE FAUT POUR ESCALADER LES TROIS HAUTS ROCHERS DE LA CAVERNE. LORSQUE TU TENDS LE BRAS POUR LE PRENDRE, TU ES ASPIRÉ DANS L'ARCHE VERS LE NUMÉRO 69.

**48** TU VISES LE HAUT DU MONTICULE ET TU TIRES...

VLANG!

A PEINE LE GRAPPIN A-T-IL ATTEINT SA CIBLE...

... QUE TU TE SENS TIRÉ PAR UNE FORCE, VERS LE SOMMET, AU NUMÉRO 121.

**49**

CETTE CRÉATURE NE TE LAISSERA DONC JAMAIS...

COMMENT T'EN DÉBARRASSER?

COMMENT SORTIR DE CET ENDROIT ET REVENIR À LA RÉALITÉ?

TU VIENS D'AVOIR UNE IDÉE!

A TOUTE ALLURE, TU TE RENDS DANS LA CHAMBRE DE LA CRÉATURE...

POUR METTRE EN ŒUVRE TON IDÉE.

RENDS-TOI AU NUMÉRO 56.

**50** COMME UN MOUSTIQUE, ELLE RÉUSSIT À TE PIQUER AVEC L'UN DE SES TENTACULES. ENLÈVE DEUX POINTS À TA LIGNE DE VIE.

AÏE!

**44** **28** TU PARVIENS À T'ÉLOIGNER DE LA CRÉATURE. PAR OÙ VEUX-TU PASSER MAINTENANT?

**51** TU PLACES TON «X». ENSUITE LE BARON PLACE SON «O».

TU JOUES, IL JOUE.

TU AS TRÈS BIEN JOUÉ, CAR...

... TU AS GAGNÉ LA PARTIE! RENDS-TOI AU NUMÉRO 77.

**52**

**NON, CE N'EST PAS UN CAUCHEMAR!**

DANS UNE MINUTE, CES DEUX ROBOTS
DIABOLIQUES VONT T'ATTRAPER,
OU PIRE... T'ÉCRASER!

PEUT-ÊTRE QUE LA TROUSSE ANTI-MONSTRES
POURRAIT T'AIDER. SI TU VEUX T'EN SERVIR,
FOUILLE À L'INTÉRIEUR AU NUMÉRO 88.

SI TU PENSES QU'IL EST PRÉFÉRABLE POUR TOI
DE T'ENFUIR EN COURANT, VA TRÈS VITE AU NUMÉRO 58.

**53**

RATÉ!

LE MONSTRE MUTANT RÉPLIQUE...

SPLOURB!

KARNI CRACHE SUR TOI
UNE BAVE GLUANTE QUI
T'ENLÈVE DEUX POINTS.
TU TENTES DE T'ENFUIR
PAR LE
NUMÉRO 75.

**54**

MAIS AU LIEU DE SE JETER
SUR TOI POUR TE DÉVORER,
ELLE SE MET À PARLER...

QXYZ O
VGRL WNBB
SU P4R!

BIZARRE!

MÊME SI C'EST
UNE LANGUE
PROVENANT
D'UNE PLANÈTE
LOINTAINE, TU COMPRENDS
PARFAITEMENT CE QU'ELLE DIT!

EUH! UN JEU?
TU ME PROPOSES UN JEU
POUR QUE JE PUISSE
GAGNER LE PISTOLET
À HARPON?

RT4!

J'ACCEPTE!

PETITE SURPRISE!
LA CRÉATURE A INVITÉ DES AMIS.

RENDS-TOI AU NUMÉRO 120 POUR JOUER.

VOICI DEVANT TOI LES CINQ MONDES DES
JEUX VIDÉO. L'UN D'EUX TE CONDUIRA VERS
LE RESPONSABLE DE TOUTE CETTE DESTRUCTION
POUR UN COMBAT DÉCISIF ENTRE LE BIEN ET LE MAL...

## TOUT DÉPEND DE TOI, MAINTENANT!

RENDS-TOI AU NUMÉRO DU MONDE QUE TU VEUX EXPLORER...

59

61

**56**

LA PHOTO À LA MAIN, TU ATTENDS QUE LA CRÉATURE ARRIVE. TU SAIS QU'ELLE VIENDRA... TU NE PEUX PAS CONTRÔLER TES TREMBLEMENTS DE PEUR.

LORSQU'ELLE ÉMERGE ENFIN DU CORRIDOR...

TU BRAQUES LA PHOTO DEVANT SES YEUX.

RENDS-TOI AU NUMÉRO 30.

**57**

BIEN JOUÉ!

BOBBI DESCEND LA PYRAMIDE DE CUBES...

AÏE! IL FAUT Y ALLER TOUT DE SUITE, IL NOUS SUIT!

QUI? QUI NOUS SUIT?

IL SE NOMME POCHE-DE-THÉ. SI CE MONSTRE TE TOUCHE, LA MOITIÉ DE TA LIGNE DE VIE DISPARAÎT INSTANTANÉMENT.

RENDS-TOI AU NUMÉRO 60.

**58** CONTRE DES MACHINES, PERDRAS-TU TOUJOURS?

RAPIDES, LES DEUX ROBOTS TE RATTRAPENT ET TE PRENNENT EN SOURICIÈRE. TU GARDES TON CALME. LORSQU'ILS NE SONT PLUS QU'À QUELQUES MÈTRES DE TOI, TU T'ÉCARTES DE LEUR TRAJECTOIRE. LES DEUX ROBOTS ENTRENT EN COLLISION DANS UN GRAND FRACAS. TU AS ÉVITÉ LE PIRE, MAIS TU AS ÉTÉ BLESSÉ PAR LES DÉBRIS QUI VOLAIENT PARTOUT.

ENLÈVE TROIS POINTS À TA LIGNE DE VIE ET RENDS-TOI AU NUMÉRO 104.

**59**

TU EXAMINES LE ROCHER QUE TU DOIS ESCALADER POUR TE RENDRE À CE MONDE.

IMPOSSIBLE D'ATTEINDRE LE SOMMET SANS UNE CORDE, UNE ÉCHELLE OU QUELQUE CHOSE DU GENRE...

POUR Y ACCÉDER, TU AS BESOIN DE CE PISTOLET À HARPON.

L'AS-TU EN TA POSSESSION?

SI TU POSSÈDES CE PISTOLET À HARPON, GRIMPE EN HAUT DU ROCHER AU NUMÉRO 48.

SI TU NE L'AS PAS, RETOURNE AU NUMÉRO 55 ET RENDS-TOI DANS UN AUTRE MONDE.

**60**

GRRRR!

POCHE-DE-THÉ, C'EST LUI!

VITE! JE DOIS MARCHER SUR LE BALLON POUR LE FAIRE ROULER JUSQU'À LA TABLE JAUNE. RENDS-TOI AU NUMÉRO INSCRIT SUR LE CÔTÉ DU BOUTON OÙ TU DOIS APPUYER POUR QUE CELA SE PRODUISE.

**61**

LORSQUE TU T'APPROCHES DE CETTE ÉTRANGE SPHÈRE...

... TU APERÇOIS AU-DESSUS DE TA TÊTE UNE ARME AGGLUTINÉE DANS UNE TOILE D'ARAIGNÉE.

AVEC LE PISTOLET À HARPON, IL SERAIT FACILE DE DÉCROCHER CETTE ARME POUR L'AVOIR EN TA POSSESSION.

SI TU DÉTIENS CE PISTOLET À HARPON, RENDS-TOI AU NUMÉRO 115.

SI TU NE L'AS PAS, VA ALORS AU NUMÉRO 70.

**62**

YESSS!

KLING KLING KLING

LA GRILLE SE LÈVE...

AU BOUT D'UN LONG PASSAGE...

... UN ÉTRANGE ASCENSEUR.

BON, C'EST OFFICIEL, MAINTENANT : QUELQU'UN SAIT QUE TU ES ICI... MAIS QUI?

DESCENDS DANS LES ENTRAILLES DE CE CHÂTEAU, AU NUMÉRO 80.

**63** APRÈS UNE ASCENSION LONGUE ET ARDUE...

TU ES FRAPPÉ D'ÉTONNEMENT PAR CE VASTE MONDE QUI S'ÉTEND DEVANT TOI.

TU ES AUSSI STUPÉFIÉ DE VOIR AUTANT DE CRÂNES. TA VISITE S'ANNONCE LUGUBRE.

TIENS! QUI A ALLUMÉ CE FEU?

RETOURNE-TOI AU NUMÉRO 113.

**64**

EN PULVÉRISER UN POUR FAIRE PEUR AUX AUTRES, VOILÀ TA STRATÉGIE. TU DÉGAINES TON ZAK-XT.

... ET TU TIRES! TOURNE LES PAGES DE TON LIVRE POUR ATTEINDRE LE CENTRE.

SI TU PARVIENS À L'ATTEINDRE, RENDS-TOI AU NUMÉRO 105. SI PAR CONTRE TU RATES TON TIR, VA AU NUMÉRO 92.

ENSUITE, TU POINTES TON ARME SOUS LE NEZ DE L'ORKZ, DEVANT TOI...

**65**

TU OUVRES LES YEUX. COUCHÉ SUR LE PLANCHER, TU ES AVEUGLÉ PAR UN TUBE DE NÉON QUI CLIGNOTE COMME UN STROBOSCOPE.

TU TE LÈVES PÉNIBLEMENT.

MAIS OÙ SUIS-JE?

OÙ CETTE CRÉATURE T'A-T-ELLE AMENÉ?

PERDU, TU DÉAMBULES D'UNE PIÈCE À L'AUTRE...

... SANS TROP COMPRENDRE POURQUOI TU AS ÉTÉ CONDUIT DANS CET ENDROIT AUSSI MACABRE QU'UN CIMETIÈRE.

RENDS-TOI AU NUMÉRO 8.

**66**

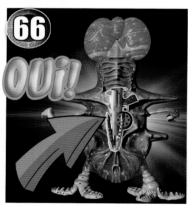

OUI!

TU POSSÈDES MAINTENANT LE PISTOLET À HARPON. VA À L'ÉCRAN DE JEU AU DÉBUT DU LIVRE ET DÉPLIE LE RABAT. LES TROIS MONDES SITUÉS EN HAUT DES ROCHERS TE SONT ACCESSIBLES.

TU ES CONDUIT ENSUITE AU PROCHAIN MONDE, AU NUMÉRO 61.

## 67

À L'ORÉE DE LA FORÊT...

TU ENTRES,

ET KARNI VA S'AMUSER

AVEC TOI.

DANGER POUR TOI

MAIS QUI C'EST CE «KARNI»? «KARNI» POUR «CARNIVORE»?

LA RÉPONSE NE SE FAIT PAS ATTENDRE. À PEINE APRÈS AVOIR AVANCÉ DE QUELQUES MÈTRES DANS LA FORÊT...

... CE KARNI APPARAÎT DEVANT TOI.

TU POINTES VERS LUI TON ZAK-XT ET TU TIRES.

SI TU PARVIENS À L'ATTEINDRE, RENDS-TOI AU NUMÉRO 29.

SI PAR CONTRE TU RATES TON TIR, VA AU NUMÉRO 53.

## 68

TU AS CHOISI LE...

MAUVAIS ALI-N!

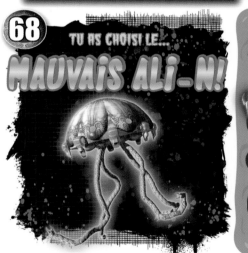

IL SE JETTE SUR TOI...

... ET TE PIQUE AVEC UN TENTACULE!

ENLÈVE UN POINT À TA LIGNE DE VIE ET RETOURNE AU NUMÉRO 120 POUR FAIRE UN AUTRE CHOIX.

## 69

OÙ EST CE PISTOLET À HARPON? DISPARU! MAIS OÙ AS-TU ÉTÉ TÉLÉPORTÉ, AU FAIT? À VOIR CE PAYSAGE ET CES DEUX LUNES, ON DIRAIT QUE TU ES SUR UNE AUTRE PLANÈTE...

COMME TU N'AS PAS D'ARME POUR TE DÉFENDRE, CE MONSTRE SANGUINAIRE VA TE DÉVORER EN MOINS DE TEMPS QU'IL FAUT POUR DIRE : «J'AURAIS DÛ CHOISIR UN AUTRE MONDE!» MAIS VOILÀ QUE TU REMARQUES LE PISTOLET À HARPON DANS LA MAIN DE LA CRÉATURE.

TU TE RENDS AU NUMÉRO 54.

UNE CRÉATURE D'APPARENCE DANGEREUSE ARRIVE AU GALOP ET S'ARRÊTE JUSTE DEVANT TOI...

**70**

**ZUT!**

DOMMAGE QUE TU N'AIES PAS CE PISTOLET À HARPON... CETTE ARME DANS LA TOILE D'ARAIGNÉE AURAIT ÉTÉ TRÈS UTILE...

TU EXAMINES LA SPHÈRE.

JE CROIS QUE JE DOIS ENTRER À L'INTÉRIEUR.

TU DÉCIDES DE L'ESCALADER AFIN DE TROUVER UNE OUVERTURE.

**MAUVAISE IDÉE!**

SITUATION DANGEREUSE! TU GLISSES ET TOMBES LOURDEMENT SUR LE SOL. ENLÈVE UN POINT À TA VIE ET RETOURNE AU NUMÉRO 55.

---

**71**

TU ÉVALUES LA HAUTEUR DE LA FORMATION ROCHEUSE.

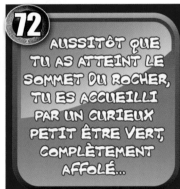

C'EST BEAUCOUP TROP HAUT! IL TE FAUT UNE CORDE, OU QUELQUE CHOSE DU GENRE POUR QUE TU PUISSES L'ESCALADER...

POUR Y ACCÉDER, TU AS BESOIN D'UN PISTOLET À HARPON.

L'AS-TU EN TA POSSESSION?

SI TU POSSÈDES CE PISTOLET À HARPON, GRIMPE EN HAUT DU PROMONTOIR AU NUMÉRO 72.

SI PAR CONTRE TU NE L'AS PAS, RETOURNE AU NUMÉRO 55 ET CHOISIS UN AUTRE MONDE.

---

**72**

AUSSITÔT QUE TU AS ATTEINT LE SOMMET DU ROCHER, TU ES ACCUEILLI PAR UN CURIEUX PETIT ÊTRE VERT, COMPLÈTEMENT AFFOLÉ...

**ENFIN!**

TE VOILÀ! MON NOM EST BOBBI. TU AS CHOISI LE MONDE QUI TE CONDUIRA JUSQU'À LA CONFRONTATION FINALE. SI TU GAGNES, LA TERRE SERA SAUVÉE, MAIS CE NE SERA PAS FACILE! DANS CE MONDE À L'APPARENCE D'UN SIMPLE JEU D'ENFANT, TU RISQUERAS TA VIE ET LA MIENNE.

VOICI LA MANETTE AVEC LAQUELLE TU VAS NOUS GUIDER DANS CE MONDE REMPLI DE DANGERS.

RENDS-TOI AU NUMÉRO 36.

---

**73**

DES DENTS DE VAMPIRE POUR CREVER LES PNEUS DE CES MACHINES INFERNALES...

**GÉNIAL!**

TU PLANTES RAPIDEMENT TOUTES LES CANINES DANS LE SOL DUR...

ET VOILÀ! TU L'AVAIS PRÉVU. CES MACHINES SONT BÊTES COMME... LEURS PNEUS!

VA AU NUMÉRO 104.

**74**

SUPER!

OH! OH! POCHE-DE-THÉ NOUS POURCHASSE ENCORE! VITE!!!

BOBBI DOIT MONTER SUR LA TABLE JAUNE POUR ENSUITE ATTEINDRE LA TABLE ROUGE. SUR QUELLE SÉQUENCE DE BOUTONS DOIS-TU APPUYER POUR QU'IL ÉVITE LES ROBOTS? RENDS-TOI AU NUMÉRO INSCRIT SUR LA MANETTE PORTANT LA BONNE SÉQUENCE.

VA AU NUMÉRO 87.

OU AU NUMÉRO 109.

**75**

LORSQUE TU TENTES DE T'ENFUIR...

... KARNI SE DÉPLACE RAPIDEMENT POUR TE BARRER LE CHEMIN. CE MONSTRE A PEUT-ÊTRE L'AIR D'UN ARBRE, MAIS IL BOUGE AVEC L'AGILITÉ D'UN PRÉDATEUR.

... ET CE N'EST PAS TERMINÉ. IL N'A PAS ENCORE DIT SON DERNIER MOT. OU SI TU PRÉFÈRES... CRACHÉ SA DERNIÈRE COCHONNERIE SUR TOI!

TU POINTES À NOUVEAU TON ZAK-XT ET TU TIRES.

SI TU PARVIENS À L'ATTEINDRE, RENDS-TOI AU NUMÉRO 101.

SI PAR CONTRE TU RATES TON TIR, VA AU NUMÉRO 102.

**76**

QUELLE ATTAQUE TE PRÉPARE DANGERO, CETTE FOIS-CI?

IL SOURIT! C'EST INQUIÉTANT POUR TOI...

IL POUSSE LA STATUE POUR LA FAIRE TOMBER SUR TOI!

RENDS-TOI AU NUMÉRO INSCRIT À L'ENDROIT OÙ IL FAUT QUE TU TE PLACES POUR ÉVITER D'ÊTRE ÉCRASÉ.

**107**

**86**

VAVOUM!

PARCE QUE TU AS GAGNÉ, LE CORPS DU BARON NAD-AD-HUB-PI SE MET SOUDAIN À VIBRER...

... ET À SE DÉCOMPOSER...

POUR FINALEMENT EXPLOSER EN UN MILLION DE PIXELS!

TON AMI BOBBI EST FOU DE JOIE!

UNE BATAILLE DE GAGNÉE, MAIS C'EST LOIN D'ÊTRE TERMINÉ. TRISTE, TU DOIS À NOUVEAU LAISSER CE NOUVEL AMI DANS SON MONDE AFIN DE POUSUIVRE TA DESTINÉE. TU SAIS TRÈS BIEN QUE SI TU RÉUSSIS À REMPORTER LA DERNIÈRE CONFRONTATION, LA TERRE SERA SAUVÉE. MÊME LES PERSONNAGES DES JEUX VIDÉO VIVRONT EN PAIX DANS LEUR MONDE. TU TE METS À PENSER À CETTE FILLE, EXPÉRIENCE 23, DONT TU NE CONNAIS MÊME PAS LE NOM. SERA-T-ELLE SAUVÉE, ELLE AUSSI? TU L'ESPÈRES VRAIMENT...

TU EXAMINES LE PORTAIL APPARU SUR LE MUR. SANS BOBBI, TU PÉNÈTRES DANS LA BOUCHE IMMONDE DE CE CRÂNE TERRIFIANT, POUR TE RENDRE À TA...

DESTINATION FINALE!

RENDS-TOI AU NUMÉRO 34.

RENDS-TOI AU NUMÉRO 34.

**78** TU AS RÉUSSI À ÉVITER LA VOITURE! MAIS JUSTE COMME BOBBI ET TOI CROYEZ AVOIR TERMINÉ ET VAINCU CE MONDE...

... QUELQUE CHOSE ÉMERGE DU JEU DE TIC-TAC-TOE.

VA AU NUMÉRO 103.

VA AU NUMÉRO 103.

**79**

DANGERO

SANS ATTENDRE, DANGERO DONNE UN COUP DE MASSUE SUR LE SOL QUI SE MET À TREMBLER. EN ÉQUILIBRE SUR LE REBORD DU TEMPLE, TU ESSAIES DE NE PAS TOMBER.

POUR SAVOIR SI TU TOMBERAS OU NON DE CE TEMPLE SITUÉ EN HAUT DU ROCHER, FERME TON LIVRE ET DÉPOSE-LE DEBOUT, DEVANT TOI. S'IL RESTE DEBOUT, POURSUIS TON AVENTURE AU NUMÉRO 111. SI TON LIVRE TOMBE, TU CHUTES ALORS AU NUMÉRO 110.

POURSUIS TON AVENTURE AU NUMÉRO 111. SI TON LIVRE TOMBE, TU CHUTES ALORS AU NUMÉRO 110.

**80**

TON CŒUR BAT VITE, CAR TU SAIS TRÈS BIEN QUE DERRIÈRE CES PORTES SE CACHE CELUI QUE TU CHERCHES. SANS HÉSITER...

**TU ENTRES!**

LE VOILÀ, CE MONSTRE, QUI EST LA CAUSE DE TOUS TES SOUCIS...

IL SE TOURNE VERS TOI AU NUMÉRO 119.

**81** BON CHOIX!

BOBBI FAIT UN PAS VERS L'AVANT...

... ET TOMBE EN PLEIN SUR LA TÊTE DE CLOWN DE LA BOÎTE À SURPRISE.

SOUS LE POIDS DE BOBBI, LE RESSORT SE CONTRACTE...

... PUIS SE RELÂCHE, PROJETANT AINSI BOBBI SUR L'AUTRE TABLE...

... AU NUMÉRO 89.

**82**

EST-CE QUE MON PIED EST ALIMENTÉ PAR DES PILES ÉLECTRIQUES, LUI?

MAIS QUELLE QUESTION IDIOTE, STUPIDE BACTÉRIE!

PEUT-ÊTRE, MAIS STRATÉGIE BRILLANTE!

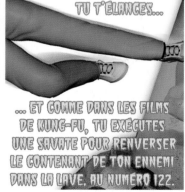

TU T'ÉLANCES...

... ET COMME DANS LES FILMS DE KUNG-FU, TU EXÉCUTES UNE SAVATE POUR RENVERSER LE CONTENANT DE TON ENNEMI DANS LA LAVE, AU NUMÉRO 122.

**83**

OH NON! BOBBI A ÉTÉ ATTRAPÉ PAR POCHE-DE-THÉ! ENLÈVE CINQ POINTS À TA LIGNE DE VIE. SI TU ES TOUJOURS EN VIE, RECOMMENCE AU NUMÉRO 36.

**84** UNE PETITE LAME DE MÉTAL CONTRE DEUX GRANDS ROBOTS?

**RIDICULE!**

ENLÈVE DEUX POINTS À TA LIGNE DE VIE ET RETOURNE AU NUMÉRO 88.

**85** MAUVAISE IDÉE QUE D'APPUYER SUR LE BOUTON POUR ALLER VERS LA DROITE. ENLÈVE DEUX POINTS À TA LIGNE DE VIE ET RETOURNE AU NUMÉRO 36.

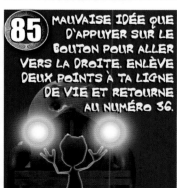

**86** ERREUR! TU T'ES PLACÉ DIRECTEMENT SOUS ELLE.

**BLAM!**

ENLÈVE DEUX POINTS À TA LIGNE DE VIE ET VA AU NUMÉRO 107.

**87**

COOL! BOBBI A RÉUSSI À ÉVITER LES ROBOTS.

OUPS!

MAIS COMMENT VAS-TU FAIRE POUR QUE BOBBI ATTEIGNE L'AUTRE TABLE?

RENDS-TOI AU NUMÉRO INSCRIT SUR LE BOUTON DE LA MANETTE QUE TU VEUX PRESSER.

**88**

BON! EST-CE QUE CETTE BOÎTE POURRAIT CONTENIR QUELQUE CHOSE POUVANT T'AIDER DANS CETTE SITUATION?

IL Y A LE MARTEAU ET SON PIEU, UN COUTEAU, DES BALLES D'ARGENT POUR TUER LES LOUPS-GAROUS, DE L'EAU BÉNITE, DES CANINES DE VAMPIRES, DE L'AIL. OUAIS, C'EST CELA! JE VAIS MANGER L'AIL ET AINSI REPOUSSER CES ESPÈCES DE ROBOTS AVEC MA MAUVAISE HALEINE.

RENDS-TOI AU NUMÉRO INSCRIT PRÈS DE L'OBJET QUE TU VEUX UTILISER.

**89**

MAIS SUR LA TABLE, UNE VOITURE CONDUITE PAR UN PETIT COCHON S'AMÈNE TRÈS VITE VERS BOBBI. SITUATION COMPLÈTEMENT RIDICULE, MAIS TRÈS DANGEREUSE... RENDS-TOI AU NUMÉRO INSCRIT SUR LE BOUTON QUE TU DOIS ENFONCER POUR ÉVITER QUE TON AMI NE SE FASSE ÉCRASER COMME UNE CRÊPE.

**90**

TU T'ES TROMPÉ! SOUS TES PIEDS S'OUVRE...

... UNE GRANDE CREVASSE DANS LAQUELLE TU TOMBES.

CETTE EAU MAUVE A AMORTI TA CHUTE, ENLÈVE SEULEMENT DEUX POINTS À TA LIGNE DE VIE.

EST-CE QUE TU TOUCHES AU BUT?

UNE SORTIE S'OUVRE VERS UN PASSAGE QUI CONDUIT AU NUMÉRO 80.

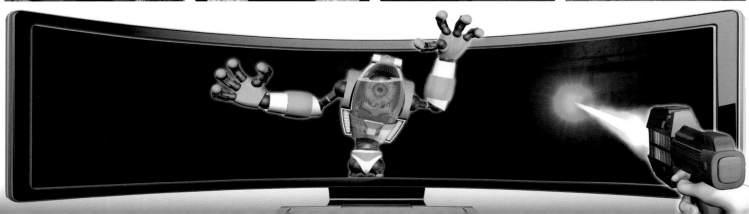

## 91

IL Y A UNE CHOSE TRÈS IMPORTANTE QUE TU DOIS SAVOIR SUR LE BARON **NAD-AD-HUB-PI** : IL ADORE GAGNER! PERDRE NE LE DÉRANGE PAS VRAIMENT, MAIS CE QUI L'HORRIPILE, C'EST UNE PARTIE NULLE, PARCE QUE JUSTEMENT, C'EST NUL! TELLEMENT, QU'IL VOIT...

**ROUGE!**

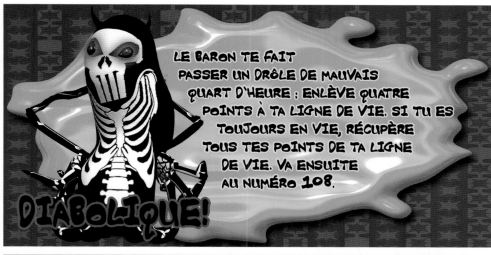

LE BARON TE FAIT PASSER UN DRÔLE DE MAUVAIS QUART D'HEURE : ENLÈVE QUATRE POINTS À TA LIGNE DE VIE. SI TU ES TOUJOURS EN VIE, RÉCUPÈRE TOUS TES POINTS DE TA LIGNE DE VIE. VA ENSUITE AU NUMÉRO 108.

**DIABOLIQUE!**

## 92

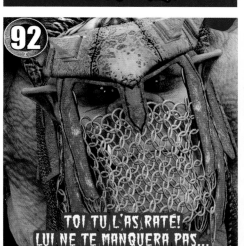

TOI TU L'AS RATÉ! LUI NE TE MANQUERA PAS...

FURIEUX QUE TU AIES TENTÉ DE LE PULVÉRISER, L'ORKZ T'ATTRAPE PAR UNE JAMBE ET T'EMPORTE POUR T'OFFRIR EN SACRIFICE AU DIEU DES ORKZS...

**ZAPUPU!**

VA AU NUMÉRO 116.

## 93

LE ROBOT RIPOSTE D'UN QUADRUPLE TIR DE SA TÊTE ET D'UN DOUBLE TIR DE SON BRAS.

**BIZZZZZZ!**

TON TIR EST...

**RATÉ!**

À TON GRAND ÉTONNEMENT, NON SEULEMENT TU ES TOUJOURS EN VIE, MAIS EN PLUS...

...TOUS LES POINTS DE TA LIGNE DE VIE SONT REVENUS. POURSUIS TON AVENTURE AU NUMÉRO 55.

## 94

**37**

**51**

C'EST À TOI DE COMMENCER À JOUER. RENDS-TOI AU NUMÉRO INSCRIT SUR LA CASE OÙ TU DÉSIRES PLACER TA PIÈCE.

**95**

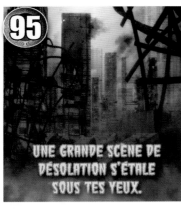

TU JURES DE FAIRE PAYER LES RESPONSABLES.

UNE GRANDE SCÈNE DE DÉSOLATION S'ÉTALE SOUS TES YEUX.

DES PISTES TE CONDUISENT AU PONT FERROVIAIRE QUI TRAVERSE LA VALLÉE AU NORD DE LA VILLE, AU NUMÉRO 67.

**96**

MAIS QU'EST-CE...

QUI ARRIVE TRÈS VITE...

DIRECTEMENT VERS TOI?

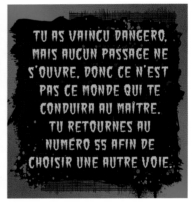
ENLÈVE DEUX POINTS À TA VIE ET RELÈVE-TOI AU NUMÉRO 76.

**97**

AVEC FORCE, TU ENVOIES LA TÊTE ROULER COMME UNE BOULE DE BOWLING.

DÉVASTATRICE...

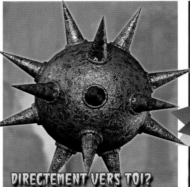
... ELLE ATTEINT SA CIBLE DE PLEIN FOUET.

BRAAAC!

TU AS VAINCU DANGERO, MAIS AUCUN PASSAGE NE S'OUVRE, DONC CE N'EST PAS CE MONDE QUI TE CONDUIRA AU MAÎTRE. TU RETOURNES AU NUMÉRO 55 AFIN DE CHOISIR UNE AUTRE VOIE.

**98**

OH NON! MAUVAIS BOUTON! BOBBI EST TOMBÉ DANS UNE POUBELLE. ENLÈVE DEUX POINTS À TA LIGNE DE VIE ET RECOMMENCE AU NUMÉRO 36.

**99**

TU PEUX FAIRE UN « X » LÀ-DESSUS! ÇA NE MARCHERA PAS. CE MARTEAU ET CE PIEU NE PEUVENT TUER QUE DES VAMPIRES. ENLÈVE UN POINT À TA LIGNE DE VIE ET RETOURNE AU NUMÉRO 88.

**100**

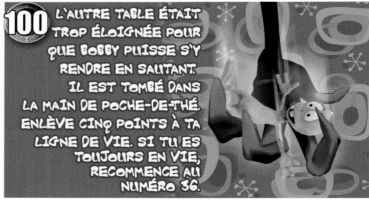
L'AUTRE TABLE ÉTAIT TROP ÉLOIGNÉE POUR QUE BOBBY PUISSE S'Y RENDRE EN SAUTANT. IL EST TOMBÉ DANS LA MAIN DE POCHE-DE-THÉ. ENLÈVE CINQ POINTS À TA LIGNE DE VIE. SI TU ES TOUJOURS EN VIE, RECOMMENCE AU NUMÉRO 36.

**101** TU L'AS ATTEINT...

SCHRRR!

À TON GRAND ÉTONNEMENT, KARNI N'EXPLOSE PAS ET NE TOMBE PAS SUR LE SOL COMME UN MONSTRE MORT. IL SE MET PLUTÔT À VERDIR. DES FEUILLES SE METTENT AUSSI À POUSSER PARTOUT SUR LUI.

TU NE VEUX PAS ATTENDRE QUE CE MONSTRE REVIENNE À LA VIE. TU PARS VERS LE NUMÉRO 43.

**102**

SVOUCHH!

TU AS RATÉ TON TIR! KARNI CRACHE SUR TOI UNE BAVE GLUANTE QUI ENLÈVE DEUX POINTS À TA LIGNE DE VIE...

SPLOURB!

SI TU ES ENCORE EN VIE, QUITTE LE SECTEUR ET DÉGUERPIS VITE VERS LE NUMÉRO 43.

**103** IL S'AGIT DU BARON

NAD-AD-HUB-PI,

LE GRAND FRÈRE DE POCHE-DE-THÉ. CE MONSTRE ARRIVE TOUT DROIT DU CIMETIÈRE DES JOUETS MORTS AFIN DE T'EN FAIRE VOIR DE TOUTES LES COULEURS, SURTOUT DU...

ROUGE!

AVEC LUI, TU DOIS JOUER UNE PARTIE DE... ÇA! TIC-TAC-TOE MORTEL!

LA PARTIE COMMENCE AU NUMÉRO 94.

**104** TU SAIS AVEC CERTITUDE QUE CELUI QUI HABITE CET ÉTRANGE CHÂTEAU...

... EST LE GRAND RESPONSABLE DES MALHEURS QUI AFFLIGENT TA VILLE.

POUR ENTRER DANS CE CHÂTEAU MAUDIT, TU DOIS LEVER LA GRILLE. DE QUEL CÔTÉ DOIS-TU TOURNER LA MANIVELLE POUR L'OUVRIR? RENDS-TOI AU NUMÉRO INSCRIT SUR LA FLÈCHE DE TON CHOIX. FAIS TRÈS ATTENTION DE NE PAS TOURNER CETTE MANIVELLE DANS LE MAUVAIS SENS.

90    62

**105**  **SCHRRR!** TU L'AS ATTEINT!

 MAIS CURIEUSEMENT, AU LIEU D'AVOIR ÉTÉ PULVÉRISÉ...

 ... IL SE MET À RÉTRÉCIR...

 ... ET RÉTRÉCIR!

VA AU NUMÉRO 118.

**106**  MAIS, QU'EST-CE QUI SE PASSE? **CLIC!**

 **HA! HA! HA!**

 CROYAIS-TU VRAIMENT QUE TU POUVAIS ME DÉTRUIRE... ... AUSSI FACILEMENT?

 JE TE L'AI DIT «BACTÉRIE»! JE CONTRÔLE TOUT CE QUI EST ÉLECTRIQUE ET TON ARME FONCTIONNE AVEC DES PILES ÉLECTRIQUES.

TU TE RENDS AU NUMÉRO 82.

**107** LA STATUE S'EST BRISÉE ET IL Y A QUELQUE CHOSE QUI ÉTAIT CACHÉ À L'INTÉRIEUR...

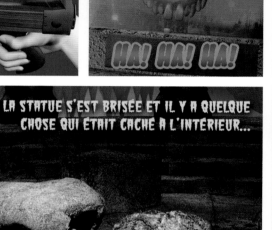

 C'EST LA CARTE DES MONDES DES JEUX VIDÉO! TU LA POSSÈDES MAINTENANT. VA À LA PAGE DE L'ÉCRAN DE JEU AU DÉBUT DU LIVRE ET DÉPLIE LE RABAT.

OH! OH! DANGERO VA ENCORE T'ATTAQUER. INCAPABLE D'ENDURER PLUS LONGTEMPS CE SQUELETTE DÉBILE, TU RAMASSES LA TÊTE DE LA STATUE, ET TU TE RENDS AU NUMÉRO 97.

**108** TU EXAMINES LE PORTAIL APPARU SUR LE MUR. SANS BOBBI, TU PÉNÈTRES DANS LA BOUCHE IMMONDE DE CE CRÂNE TERRIFIANT POUR TE RENDRE À TA **DESTINATION FINALE!**

RENDS-TOI AU NUMÉRO 34.

**109**  OH ZUT! BOBBI EST ENCERCLÉ PAR LES ROBOTS. ENLÈVE DEUX POINTS À TA LIGNE DE VIE. SI TU ES TOUJOURS EN VIE, RECOMMENCE AU NUMÉRO 36.

**110**  AAAAAAAAAAAAAH! TU FAIS UNE CHUTE DE PLUSIEURS MÈTRES. ENLÈVE DEUX POINTS À TA LIGNE DE VIE ET RETOURNE AU NUMÉRO 48.

**111**

VOYANT QUE TU N'ES PAS TOMBÉ, DANGERO SOULÈVE SON BRAS OSSEUX AFIN DE TE LANCER SA MASSUE POURVUE DE PICS MORTELS.

RENDS-TOI AU NUMÉRO INSCRIT À L'ENDROIT OÙ TU VEUX TE DÉPLACER POUR ÉVITER DE RECEVOIR SA MASSUE.

76

96

**112**

... PAR TOI-MÊME!

COMMENT CELA EST-IL POSSIBLE? TU ES LA PERSONNE QUI JOUE À CE JEU, ALORS IL EST NORMAL QUE TU AIES UN RÔLE DANS CETTE HISTOIRE. MAIS QUEL RÔLE TU AS! CELUI DU DIEU BOUFFEUR D'HUMAINS! COMMENT ÉVITER DE TE FAIRE DÉVORER PAR TOI-MÊME? CETTE SITUATION TE REND MALADE. LE VISAGE VERT, TU DÉGOBILLES SUR TES VÊTEMENTS.

BEURARKK!

DÉGOÛTÉ, TON «TOI GÉANT» TOURNE LES TALONS ET DISPARAÎT ENTRE LES MONTAGNES ENNEIGÉES. C'EST VRAI QUE LA VOMISSURE T'A TOUJOURS RÉPUGNÉ.

APRÈS T'ÊTRE DÉTACHÉ, TU RETOURNES AU NUMÉRO 55 POUR CHOISIR UN AUTRE MONDE.

**113**

OH! OH!
RENDS-TOI AU NUMÉRO 64.

**114**

TU AS CHOISI LE...

MAUVAIS ALI-N!

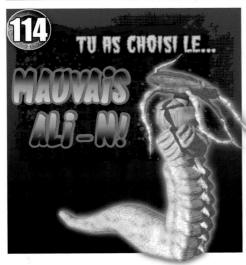

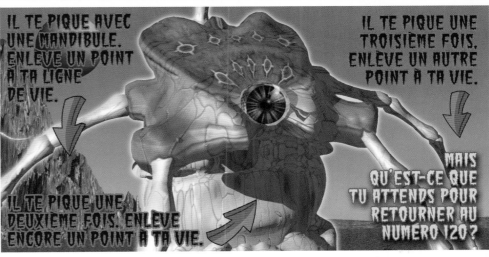

IL TE PIQUE AVEC UNE MANDIBULE. ENLÈVE UN POINT À TA LIGNE DE VIE.

IL TE PIQUE UNE TROISIÈME FOIS. ENLÈVE UN AUTRE POINT À TA VIE.

IL TE PIQUE UNE DEUXIÈME FOIS. ENLÈVE ENCORE UN POINT À TA VIE.

MAIS QU'EST-CE QUE TU ATTENDS POUR RETOURNER AU NUMÉRO 120?

**115** TU VISES LA TOILE D'ARAIGNÉE, ET TU TIRES...

VLANG!

... DANS TA MAIN! VA À L'ÉCRAN DE JEU AU DÉBUT DU LIVRE, ET DÉPLIE LE RABAT.

LA TOILE D'ARAIGNÉE DÉCHIRÉE, L'ARME TOMBE EXACTEMENT...

ÇA TOMBE À PIC, CAR UN ROBOT TUEUR D'HUMAINS VIENT DE CASSER LE GRAND GLOBE DE VERRE ET TE FAIT FACE...

SANS CONNAÎTRE LA PUISSANCE DE TA NOUVELLE ACQUISITION, TU VISES LE ROBOT TUEUR.

TOURNE LES PAGES DE TON LIVRE EN ESSAYANT DE BIEN VISER LE CENTRE. SI TU PARVIENS À L'ATTEINDRE, RENDS-TOI AU NUMÉRO 117. SI TU L'AS RATÉ, VA AU NUMÉRO 93.

**116** TU ES ATTACHÉ À UNE STÈLE SACRIFICIELLE. ET LORSQU'UN BRUIT DE PAS...

... QUI FAIT TREMBLER LE SOL RÉSONNE DANS LE LOINTAIN...

... LES ORKZS, APEURÉS... ... PARTENT RAPIDEMENT SE CACHER DANS UNE GROTTE.

LORSQUE TU APERÇOIS QUI VIENT VERS TOI...

NON! C'EST IMPOSSIBLE!

TU ES SUR LE POINT D'ÊTRE DÉVORÉ PAR... RENDS-TOI AU NUMÉRO 112.

**117**

BRAVO! POUR UN PREMIER ESSAI AVEC TA NOUVELLE ARME, LE...

ZAK-XT!

C'EST TRÈS CONCLUANT...

APRÈS CETTE VICTOIRE, TU ÉVALUES LA SITUATION...

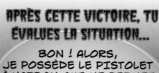

BON ! ALORS, JE POSSÈDE LE PISTOLET À HARPON QUI ME PERMET D'ACCÉDER À TOUS LES MONDES. J'AI UNE ARME POUR ME DÉFENDRE AU CAS OÙ. SI SEULEMENT JE POUVAIS AUSSI TROUVER LA CARTE DES MONDES...

RETOURNE AU NUMÉRO 55 AFIN DE CHOISIR UNE AUTRE VOIE.

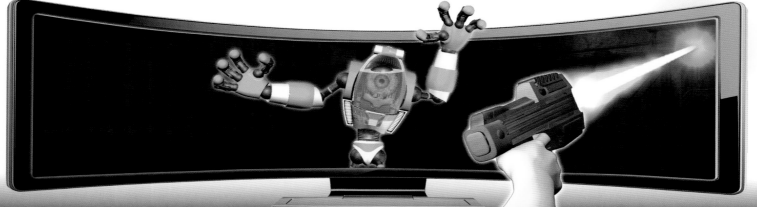

**118**

D'UN SEUL TIR DE TON ARME, TU AS RÉUSSI À RÉTRÉCIR TOUTE LA HORDE D'ORKZS.

HA! HA! HA! HA! HA!

TON RIRE QUI FAIT ÉCHO DANS TOUTE LA CAVERNE TE REDONNE TOUS TES POINTS DE VIE

MÉCONTENTS DE CE QUE TU VIENS DE LEUR FAIRE SUBIR, LES ORKZS T'EMPORTENT POUR T'OFFRIR EN SACRIFICE À LEUR DIEU, ZAPUPU...

... AU NUMÉRO 116.

**119**

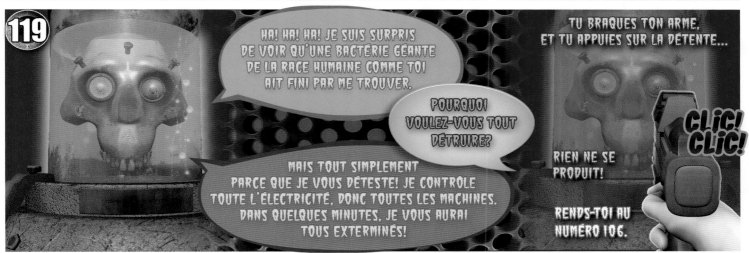

HA! HA! HA! JE SUIS SURPRIS DE VOIR QU'UNE BACTÉRIE GÉANTE DE LA RACE HUMAINE COMME TOI AIT FINI PAR ME TROUVER.

POURQUOI VOULEZ-VOUS TOUT DÉTRUIRE?

MAIS TOUT SIMPLEMENT PARCE QUE JE VOUS DÉTESTE! JE CONTRÔLE TOUTE L'ÉLECTRICITÉ, DONC TOUTES LES MACHINES. DANS QUELQUES MINUTES, JE VOUS AURAI TOUS EXTERMINÉS!

TU BRAQUES TON ARME, ET TU APPUIES SUR LA DÉTENTE...

CLIC! CLIC!

RIEN NE SE PRODUIT!

RENDS-TOI AU NUMÉRO 106.

**120**

RIEN N'EST GRATUIT DANS LA VIE, SAUF LA MORT!

L'UN DE CES PETITS COQUINS D'ALI-NS CACHE LE PISTOLET À HARPON. RENDS-TOI AU NUMÉRO INSCRIT PRÈS DE L'ALI-N DE TON CHOIX.

**121** ARRIVÉ EN HAUT, TU DÉCOUVRES UN TEMPLE EN RUINE...

QU'EST-CE QUE C'EST QUE CE JEU? UNE QUÊTE? UNE AVENTURE?

NON!

C'EST UN MONDE DE COMBATS! ET TU DOIS TE BATTRE CONTRE...

... AU NUMÉRO 79.

LE PLUS GRAND ENNEMI DE TOUS DISPARAIT DANS LA LAVE.

TU TE RÉJOUIS CAR TU SAIS QUE C'ÉTAIT LUI QUI GÉNÉRAIT L'ÉNERGIE DES MONSTRES VENUS DES JEUX VIDÉO ET QUE TOUT VA S'ARRÊTER MAINTENANT. SOUDAIN, LE SOL SE MET À BOUGER COMME S'IL Y AVAIT UN TREMBLEMENT DE TERRE. AUTOUR DE TOI, DE LOURDES BRIQUES COMMENCENT À TOMBER. LE CHÂTEAU EST SUR LE POINT D'EXPLOSER...

BRAOUUUM!

TU AS QUITTÉ LE CHÂTEAU JUSTE À TEMPS...

APRÈS UNE LONGUE MARCHE, TU REGAGNES LA VILLE AUX PREMIÈRES HEURES DU MATIN. MALGRÉ LA VIOLENCE DES COMBATS ENTRE BONS ET MAUVAIS PERSONNAGES DES JEUX VIDÉO, IL N'Y A PAS TROP DE DÉGÂTS DANS LES RUES, ET CELA EST GRÂCE À TOI...

TU CONSTATES À REGRET QUE LA GUERRE QUI A EU LIEU N'A PAS DÉTRUIT LA MAISON DONT TON PÈRE A HÉRITÉ DE L'ONCLE BORIS. QUELLE DÉCEPTION!

ZUT!

VEUX-TU REGARDER UN PEU LA TÉLÉVISION?

NAH!

TROP DE MAUVAIS SOUVENIRS!

ZIN! ZIN!

ALORS QUE TU ARRIVES DANS TA CHAMBRE...

APPEL DE YAYA

un large sourire traverse ton visage...

FIN

OUI! ALLÔ, YAYA!

HEY! T'AS ENTENDU ÇA AUX NOUVELLES, TOI AUSSI? LES PERSONNAGES DES JEUX VIDÉO SE SONT LIVRÉ UNE GUERRE DANS NOTRE VILLE, DANS NOTRE RÉALITÉ. INCROYABLE, NON?

À PROPOS DE JEU VIDÉO, ÇA TE DIT DE VENIR CHEZ MOI POUR JOUER UNE PETITE PARTIE? TU POURRAIS EMPORTER TON JEU, «EXPÉRIENCE 24»?

M'OUAIS! UN PEU.

JE NE SAIS PAS, CE JEU NE FONCTIONNE PLUS TRÈS BIEN DEPUIS QUELQUES MINUTES, IL Y A COMME UN BOGUE. DANS LE JEU, L'HÉROÏNE N'EST PLUS UNE SORTE DE MONSTRE HYPER LAID, MAIS PLUTÔT UNE SUPER JOLIE FILLE. JE NE COMPRENDS PAS! JE T'ENVOIE SA PHOTO SUR TON CELL.